Impressum
Verlag: BABADADA GmbH, Nedderfeld 112 , 22529 Hamburg
Geschäftsführer / Verlagsleitung: Harald Hof
Druck: Books on Demand GmbH, In de Tarpen 42, 22848 Norderstedt

Imprint
Publisher: BABADADA GmbH, Nedderfeld 112 , 22529 Hamburg, Germany
Managing Director / Publishing direction: Harald Hof
Print: Books on Demand GmbH, In de Tarpen 42, 22848 Norderstedt

AF189313

# məktəb

## 學校

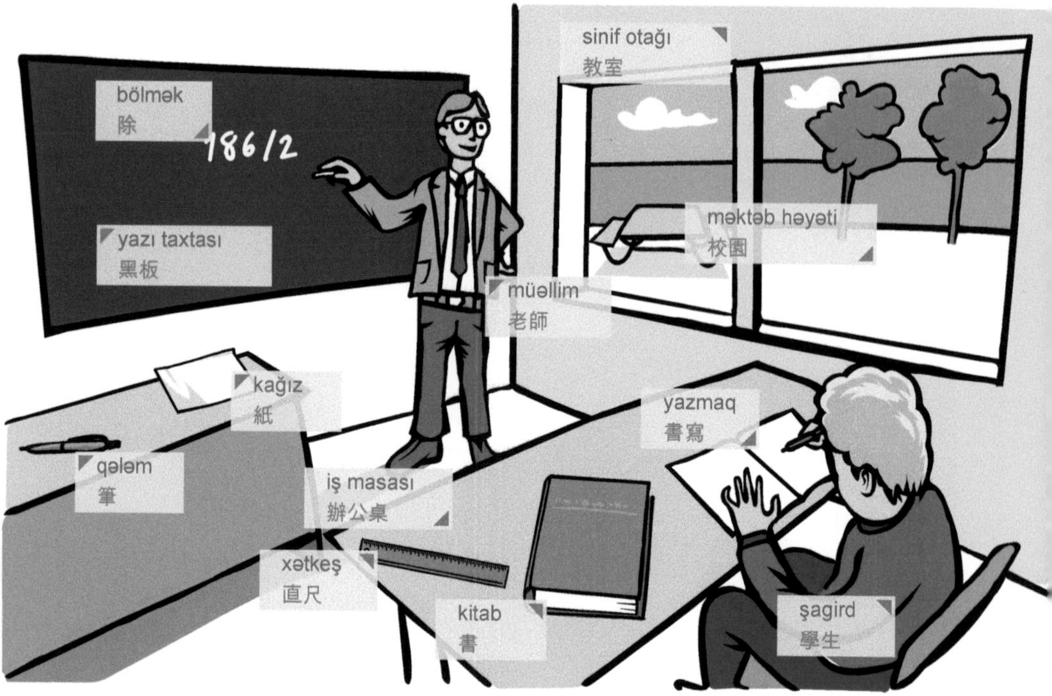
sinif otağı
教室
bölmək
除
186/2
məktəb həyəti
校園
yazı taxtası
黑板
müəllim
老師
kağız
紙
yazmaq
書寫
qələm
筆
iş masası
辦公桌
xətkeş
直尺
kitab
書
şagird
學生

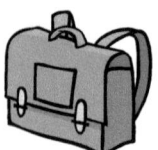

məktəbli çantası

書包

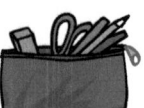

karandaş qabı

鉛筆盒

karandaş

鉛筆

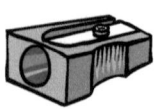

karandaş yonan

削鉛筆機

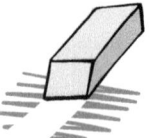

pozan

橡皮擦

rəsm albomu

畫板

rəsm

圖畫

boya fırçası

畫筆

boya qutusu

顏料盒

qayçı

剪刀

yapışdırıcı

膠水

dəftər

練習冊

ev tapşırığı

家庭作業

say

數字

əlavə etmək

加

çıxmaq

減

vurmaq

乘

hesablamaq

計算

hərf

字母

əlifba

字母表

söz

字

mətn

課文

oxumaq

讀

tabaşir

粉筆

dərs

上課

sinif jurnalı

登記

imtahan

考試

təhsil haqqında sənəd

證書

məktəb uniforması

校服

təhsil

教育

ensiklopediya

百科全書

universitet

大學

mikroskop

顯微鏡

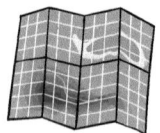

xəritə

地圖

zibil qutusu

廢紙簍

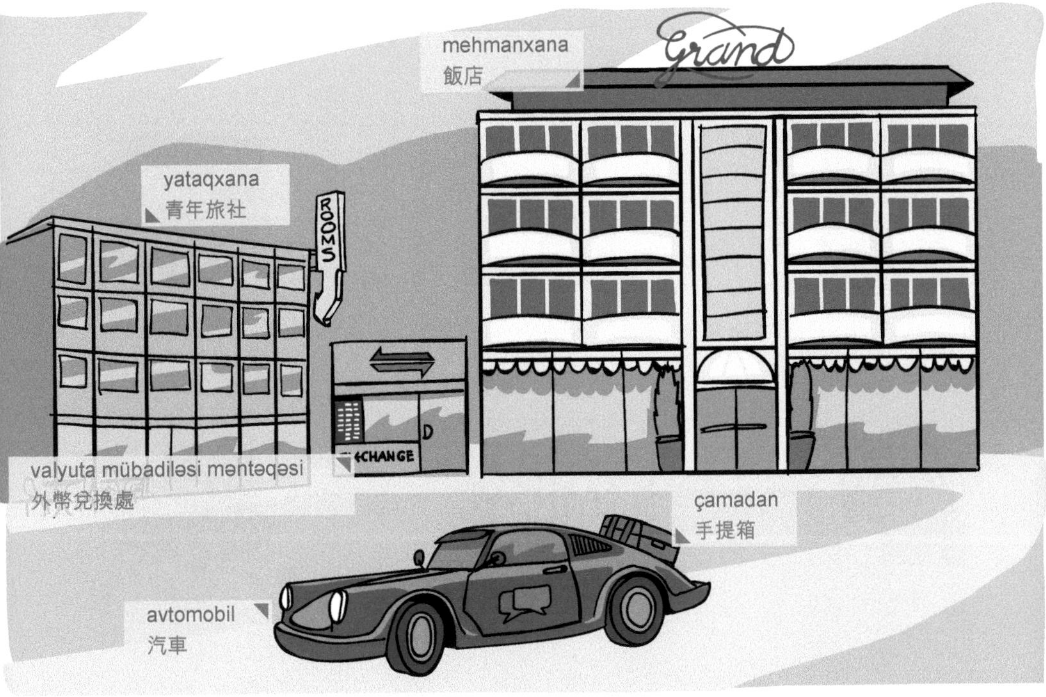

mehmanxana
飯店
Grand
yataqxana
青年旅社
ROOMS
EXCHANGE
valyuta mübadiləsi məntəqəsi
外幣兌換處
çamadan
手提箱
avtomobil
汽車

dil
語言

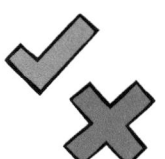

bəli/xeyr
是/否

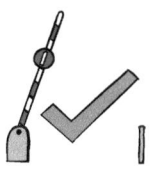

oldu
好的

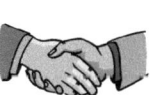

salam
您好

tərcüməçi
翻譯人員

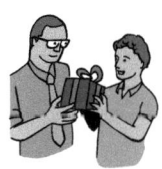

Təşəkkür edirəm
謝謝

giyməti nə qədərdir ...?

......多少錢？

mən başa düşmürəm

我不明白

problem

問題

Axşamınız xeyir!

晚上好！

Sabahınız xeyir!

早上好！

Gecəniz xeyrə galsin!

晚安！

hələlik

再見

istiqamət

方向

baqaj

行李

torba

包

kürək çantası

背包

qonaq

客人

otaq

房間

yataq-çuval

睡袋

çadır

帳篷

turistlər üçün məlumat

旅行資訊

çimərlik

海灘

kredit kartı

信用卡

səhər yeməyi

早餐

günorta yeməyi

午餐

nahar yeməyi

晚餐

bilet

票

lift

電梯

poçt markası

郵票

sərhəd

邊界

gömrük

海關

səfirlik

大使館

viza

簽證

pasport

護照

# nəqliyyat
## 交通運送

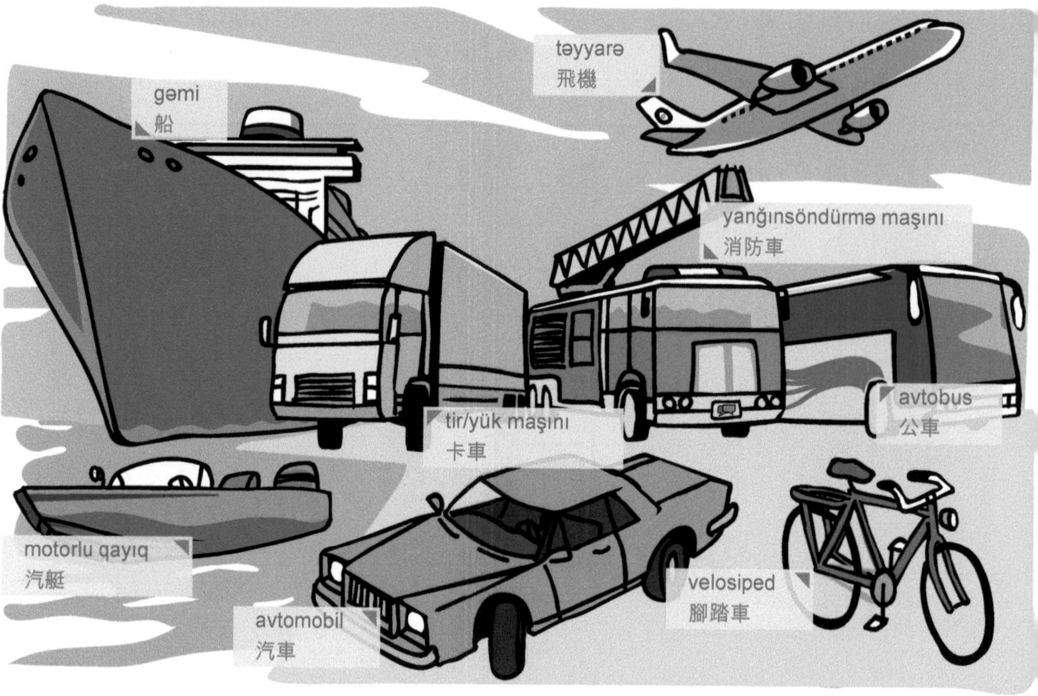

təyyarə
飛機
gəmi
船
yanğınsöndürmə maşını
消防車
avtobus
公車
tir/yük maşını
卡車
motorlu qayıq
汽艇
velosiped
腳踏車
avtomobil
汽車


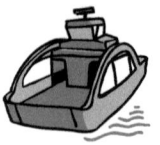

bərə
渡輪

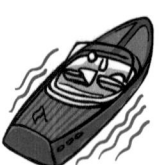

qayıq
小船

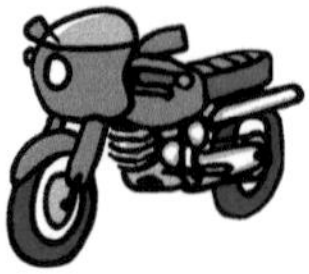

motosiklet
機車

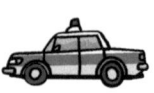

polis avtomobili
警車

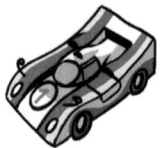

yarış avtomobili
賽車

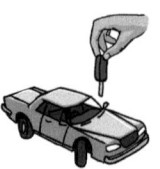

icarə avtomobili
租車

avtomobil icarəsi

拼車

texniki yardım maşını

拖車

zibil maşını

垃圾車

mühərrik

馬達

yanacaq

汽油

benzin doldurma məntəqəsi

加油站

yol nişanı

交通標識

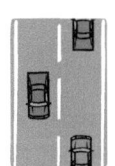

yol hərəkəti

交通

tıxac

交通堵塞

avtomobil dayanacağı

停車場

dəmir yolu stansiyası

火車站

dəmiryol

軌道

qatar

火車

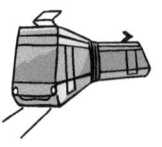

tramvay

路面電車

vaqon

客車廂

helikopter

直升機

hava limanı

機場

qüllə

塔

sərnişin

乘客

konteyner

集裝箱

karton qutu

紙板箱

əl arabası

手推車

səbət

籃子

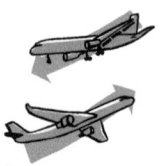

qalxmaq / enmək

起飛/降落

# şəhər

# 城市

kənd

村莊

şəhər mərkəzi

市中心

ev

房子

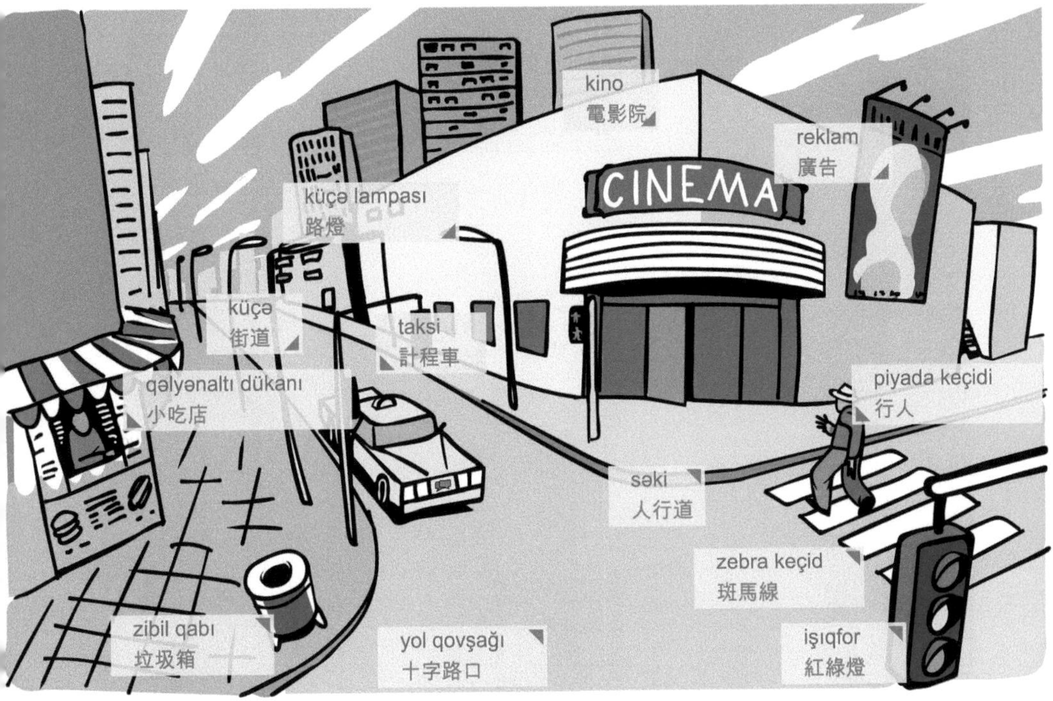

kino
電影院
CINEMA
reklam
廣告
küçə lampası
路燈
küçə
街道
taksi
計程車
qəlyənaltı dükanı
小吃店
piyada keçidi
行人
səki
人行道
zebra keçid
斑馬線
zibil qabı
垃圾箱
yol qovşağı
十字路口
işıqfor
紅綠燈


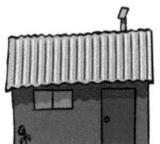

daxma

小屋

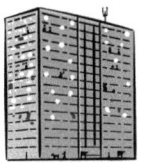

mənzil

公寓

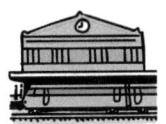

dəmir yolu stansiyası

火車站

bələdiyyə binası

市政廳

MUSEUM


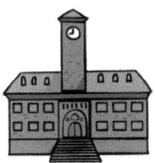

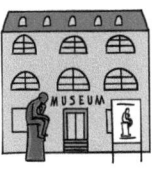

muzey

博物館

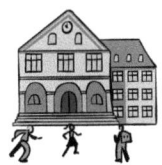

məktəb

學校

universitet

大學

bank

銀行

xəstəxana

醫院

mehmanxana

飯店

aptek

藥房

ofis

辦公室

kitab dükkanı

書店

dükan

商店

çiçək dükanı

花店

supermarket

超市

bazar

市場

univermaq

百貨商店

balıq satıcısı

魚店

ticarət mərkəzi

購物中心

liman

海港

park

公園

oturacaq

長凳

körpü

橋

pilləkən

樓梯

metro

捷運

tunel

隧道

avtobus dayanacağı

公車站

bar

酒吧

restoran

餐館

poçt qutusu

郵筒

küçə nişanı

路標

parkinq sayğacı

停車計時器

zoopark

動物園

üzgüçülük hovuzu

游泳池

məscid

清真寺

ferma

農場

ətraf mühitin çirklənməsi

污染

məzarlıq

墓地

kilsə

教堂

oyun meydançası

操場

məbəd

寺廟

# mənzərə

## 地形

yarpaq
樹葉

yol nişanı
指示牌

yol
路

çəmən
草地

daş
石頭

piyada səyyah
徒步旅行者

ağac
樹

çay
河

ot
草

gül
花

vadi

峽谷

təpə

丘陵

göl

湖

meşə

森林

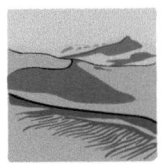

səhra

沙漠

vulkan

火山

qəsr

城堡

göy qurşağı

彩虹

göbələk

蘑菇

palma

棕櫚樹

ağcaqanad

蚊子

milçək

蒼蠅

qarışqa

螞蟻

arı

蜜蜂

hörümçək

蜘蛛

böcək

甲蟲

qurbağa

青蛙

dələ

松鼠

kirpi

刺蝟

dovşan

野兔

bayquş

貓頭鷹

quş

鳥

qu quşu

天鵝

qaban

野豬

maral

鹿

sığın

麋鹿

su bəndi

水壩

külək turbini

風力發電機

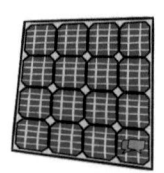

günəş batareyası

太陽能電池板

iqlim

氣候

# restoran
# 餐館

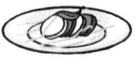

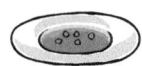

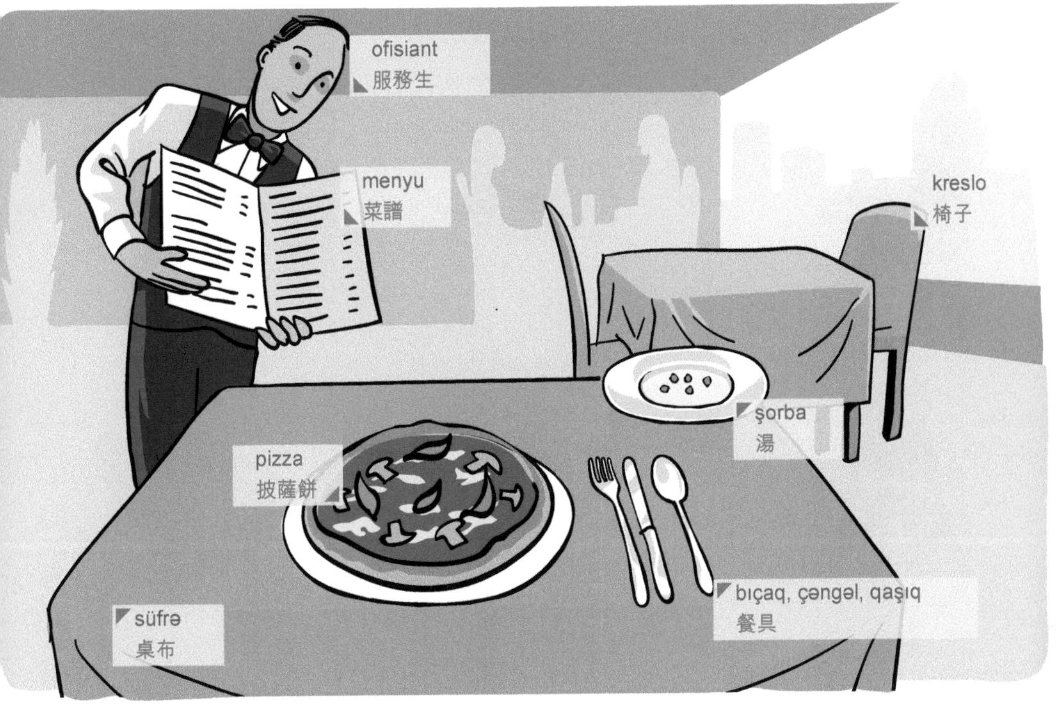
ofisiant
服務生
menyu
菜譜
kreslo
椅子
şorba
湯
pizza
披薩餅
bıçaq, çəngəl, qaşıq
餐具
süfrə
桌布

məzə

前菜

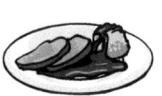

əsas yemək

主菜

desert

甜點

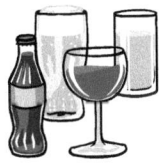

içkilər

飲料

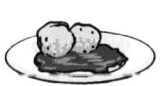

yemək

食物

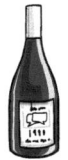

şüşə

瓶子

fast food

速食

küçə yeməkləri

街邊小吃

çaynik

茶壺

qəndqabı

糖盒

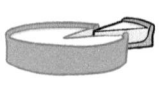

pay

一份飯菜

espresso maşını

義式咖啡機

hündür uşaq kreslosu

高腳椅

faktura

帳單

nimçə

托盤

bıçaq

刀

çəngəl

餐叉

qaşıq

勺子

çay qaşığı

茶匙

salfet

餐巾

şüşə

玻璃杯

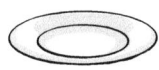

boşqab

碟子

şorba boşqabı

湯盤

nəlbəki

碟子

sous

醬

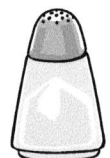

duz qabı

鹽瓶

bibərüyüdən

胡椒研磨罐

sirkə

醋

duru yağ

食用油

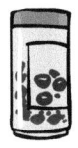

ədviyyat

調味料

ketçup

番茄醬

xardal

芥末

mayonez

美乃滋

# supermarket
## 超市

xüsusi təklif
特價
FOR
müştəri
顧客
süd məhsulları
乳製品
meyvə
水果
alış-veriş arabası
購物車

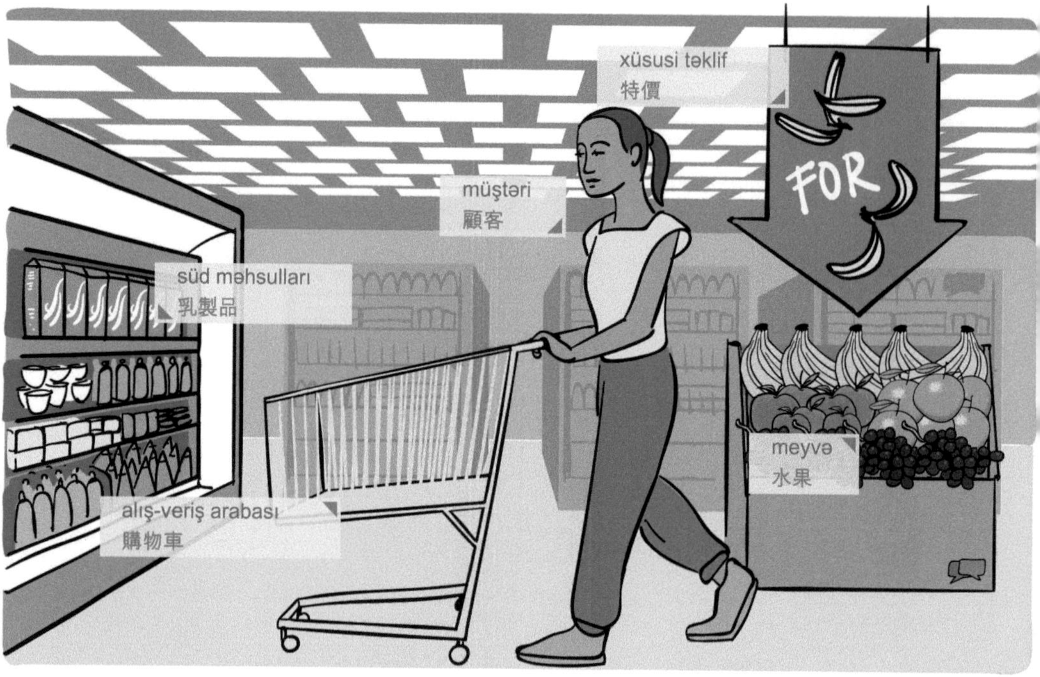

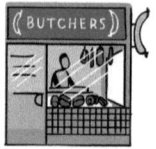

BUTCHERS

qəssab dükanı
肉鋪

BAKERY

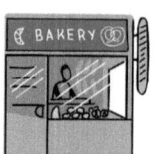

çörəkçi
麵包店

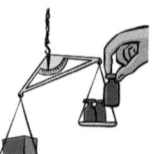

çəkmək
稱重

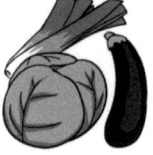

tərəvəz
蔬菜

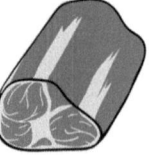

ət
肉

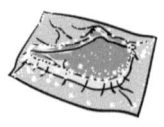

dondurulmuş qida
冷凍食品

soyuq ət yeməyi

冷盤

konservləşdirilmiş qida

罐頭食品

yuyucu toz

洗衣粉

şirniyyat

甜食

təsərrüfat malları

日用品

yuyucu vasitələr

清潔用品

satıcı

銷售員

kassa

收銀機

kassir

收銀員

alış-veriş siyahısı

購物清單

iş saatları

開放時間

pul kisəsi

錢包

kredit kartı

信用卡

torba

袋子

plastik torba

塑膠袋

supermarket - 超市

su

水

şirə

果汁

süd

牛奶

cola

可樂

şərab

紅酒

pivə

啤酒

alkoqollu içkilər

酒

kakao

可可

çay

茶

qəhvə

咖啡

espresso

義式濃縮咖啡

kapuçino

卡布奇諾

banan

香蕉

alma

蘋果

portağal

柳丁

yemiş

西瓜

limon

檸檬

yerkökü

胡蘿蔔

sarımsaq

大蒜

bambuq

竹子

soğan

洋蔥

göbələk

蘑菇

qoz-fındıq

堅果

əriştə

麵條

spagetti

義大利麵

düyü

米飯

salat

沙拉

cips

薯條

qızardılmış kartof

炸馬鈴薯

pizza

披薩餅

hamburger

漢堡

sandviç

三明治

eskalop

炸豬排

hisə verilmiş donuz əti

火腿

salyami

義大利臘腸

kolbasa

香腸

toyuq

雞肉

qızardılmış ət tikəsi

烤肉

balıq

魚

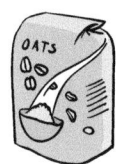

yulaf yarması

燕麥片

müsli

木斯里

partlaq qarğıdalı

玉米片

un

麵粉

kruassan

牛角麵包

bulka

麵包捲

çörək

麵包

tost

吐司

peçenye

餅乾

kərə yağı

奶油

kəsmik

凝乳

tort

蛋糕

yumurta

蛋

qayğanaq

煎蛋

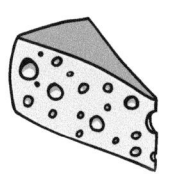

pendir

起司

dondurma

冰淇淋

şəkər

糖

bal

蜂蜜

mürəbbə

果醬

şokolad pastası

巧克力醬

köri

咖哩

# ferma
# 農場

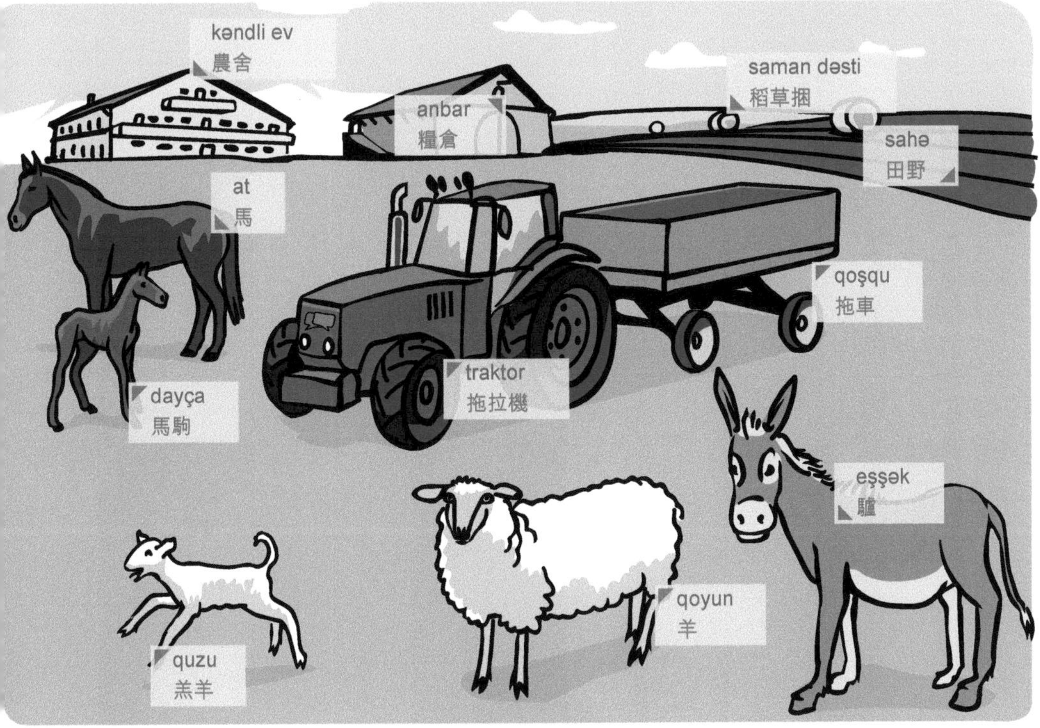
kəndli ev
農舍
anbar
糧倉
saman dəsti
稻草捆
sahə
田野
at
馬
qoşqu
拖車
traktor
拖拉機
dayça
馬駒
eşşək
驢
qoyun
羊
quzu
羔羊

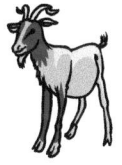

keçi

山羊

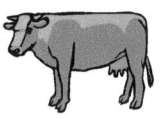

inək

奶牛

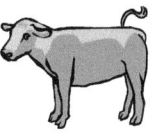

dana

小牛

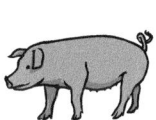

donuz

豬

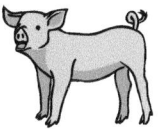

donuz balası

小豬

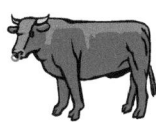

öküz

公牛

qaz

鵝

ördək

鴨

cücə

小雞

toyuq

母雞

xoruz

公雞

siçovul

鼠

pişik

貓

siçan

老鼠

öküz

牛

it

狗

itdamı

狗屋

bağ şlanqı

花園澆水軟管

susəpən

澆水壺

dəryaz

長柄大鐮刀

kotan

犁

oraq

鐮刀

kətman

鋤頭

yaba

長柄草耙

balta

斧頭

əl arabası

獨輪手推車

çalov

飼料槽

süd bidonu

牛奶罐

çuval

麻布袋

çəpər

柵欄

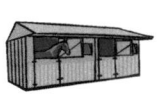

tövlə

馬廄

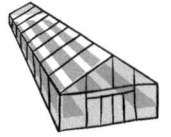

istixana

溫室

torpaq

土壤

toxum

種子

gübrə

肥料

taxılbiçən kombayn

聯合收割機

məhsul yığmaq

收割

məhsul yığımı

收割

yam

地瓜

buğda

小麥

soya

大豆

kartof

土豆

dən

玉米

raps

油菜籽

meyvə ağacı

果樹

maniok

樹薯

yarma

穀物

baca
煙囪

dam
屋頂

drenaj borusu
落水管

pəncərə
窗戶

qaraj
車庫

qapı zəngi
門鈴

qapı
門

zibil vedrəsi
垃圾桶

poçt qutusu
信箱

bağ
花園

qonaq otağı

客廳

hamam otağı

浴室

mətbəx

廚房

yataq otağı

臥室

uşaq otaqı

兒童房

yemək otağı

餐廳

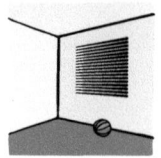

döşəmə

地板

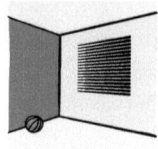

divar

牆壁

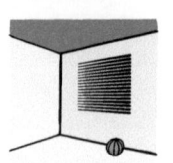

tavan

天花板

zirzəmi

地窖

sauna

三溫暖

balkon

陽臺

terras

露臺

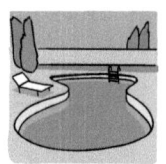

üzgüçülük hovuzu

游泳池

otbiçən maşın

割草機

mələfə

被單

yataq örtüyü

床罩

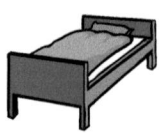

yataq

床

süpürgə

掃帚

vedrə

水桶

elektrik açarı

開關

# qonaq otağı

# 客廳

divar kağızı
壁紙
şəkil
相片
lampa
檯燈
rəf
擱架
şkaf
櫥櫃
televiziya
電視
buxarı
壁爐
gül
花
yastıq
墊子
divan
沙發
vaza
花瓶
uzaqdan idarəetmə
遙控器

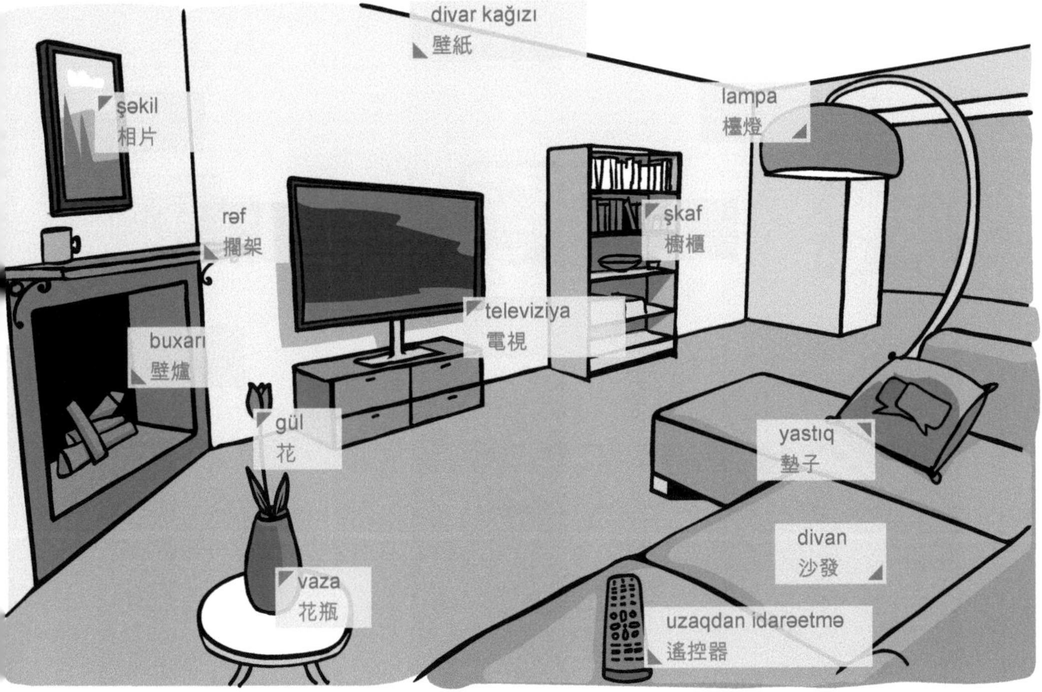

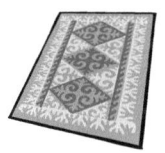

xalça

地毯

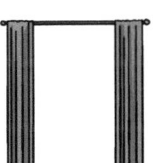

pərdə

窗簾

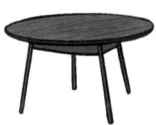

masa

餐桌

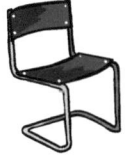

kreslo

椅子

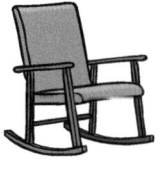

yırğalanan stul

搖椅

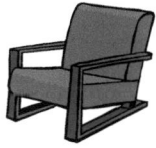

kreslo

扶手椅

kitab
書

yorğan
毯子

bəzək
裝飾品

odun
木柴

film
電影

stereo səs sistemi
高傳真音響

açar
鑰匙

qəzet
報紙

rəsm əsəri
油畫

plakat
海報

radio
收音機

bloknot
筆記本

tozsoran
吸塵器

kaktus
仙人掌

şam
蠟燭

# mətbəx
# 廚房

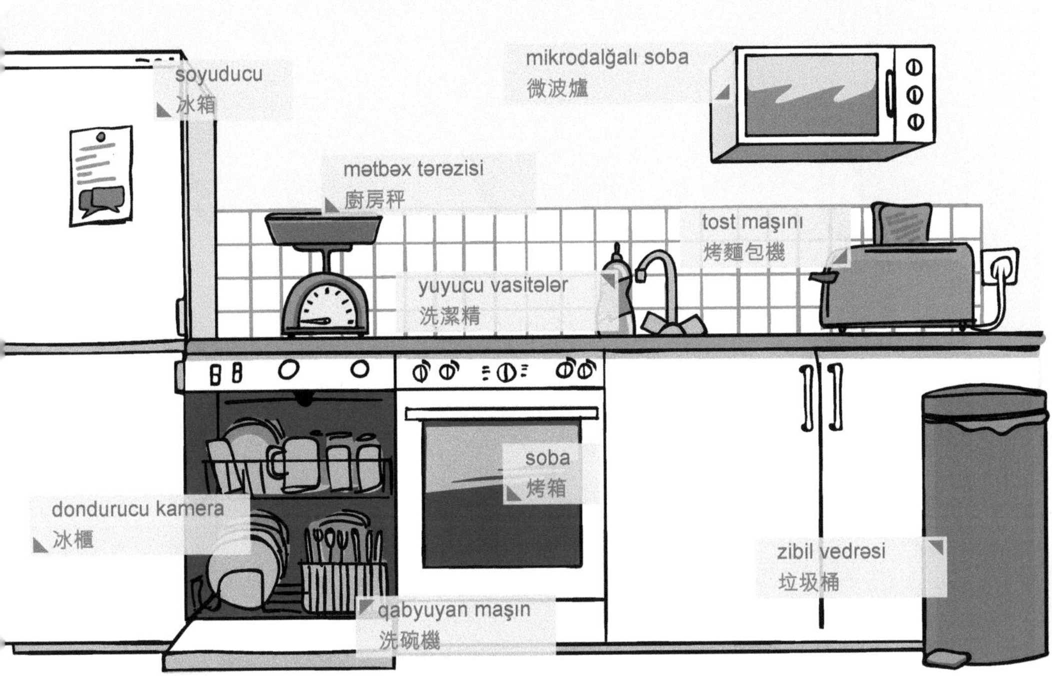

soyuducu
冰箱
mikrodalğalı soba
微波爐
mətbəx tərəzisi
廚房秤
tost maşını
烤麵包機
yuyucu vasitələr
洗潔精
soba
烤箱
dondurucu kamera
冰櫃
zibil vedrəsi
垃圾桶
qabyuyan maşın
洗碗機


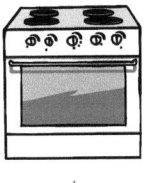

soba

炊具

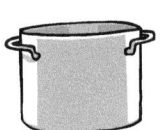

qazan

鍋

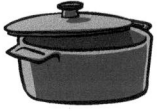

çuqun qazan

鑄鐵鍋

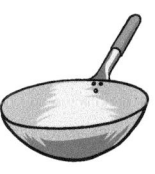

vok / kadai

炒鍋

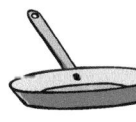

tava

平底鍋

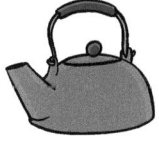

çaydan

水壺

buxar qazanı

蒸鍋

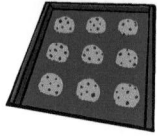

sac

烤盤

qab

陶瓷鍋

fincan

馬克杯

ləyən

碗

yemək üçün çubuqlar

筷子

çömçə

長柄勺

spatula

鏟子

çırpıcı

攪拌器

süzgəc

濾網

ələk

篩子

sürtgəc

磨碎機

həvəngdəstə

研缽

barbekyu

燒烤

ocaq

明火

doğrama taxtası

菜板

oxlov

擀麵杖

probkaçıxaran

開瓶器

banka

罐子

bankaağzıaçan

開罐器

qabtutan

隔熱手套

əl üz yuyan

水槽

fırça

刷子

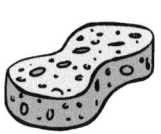

süngər

海綿

blender

攪拌機

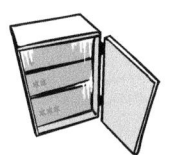

dondurucu

冷藏箱

körpə şüşəsi

奶瓶

kran

水龍頭

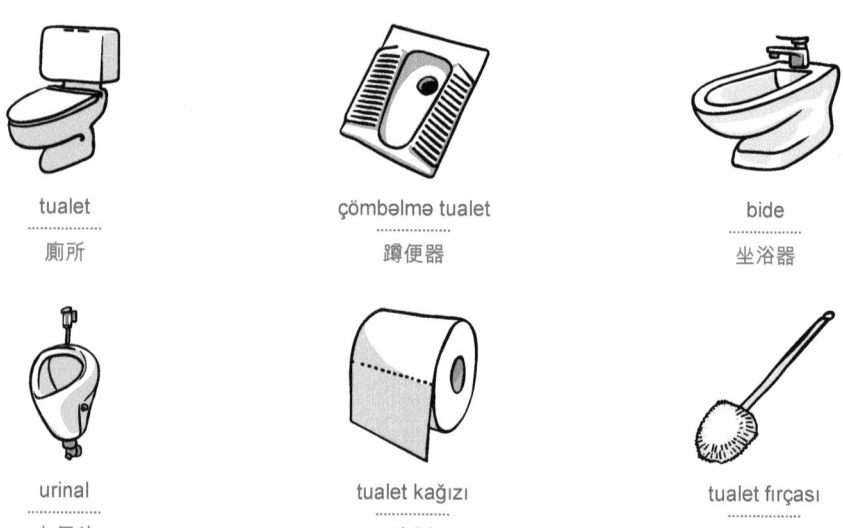

# hamam otağı
## 浴室

qızdırıcı
供暖裝置
duş
淋浴
dəsmal
毛巾
duş pərdəsi
浴簾
köpüklü vanna
泡沫浴
hamam vannası
浴缸
şüşə
玻璃杯
paltaryuyan maşın
洗衣機
kran
水龍頭
kafel
瓷磚
güvəc
便壺
əl üz yuyan
水槽


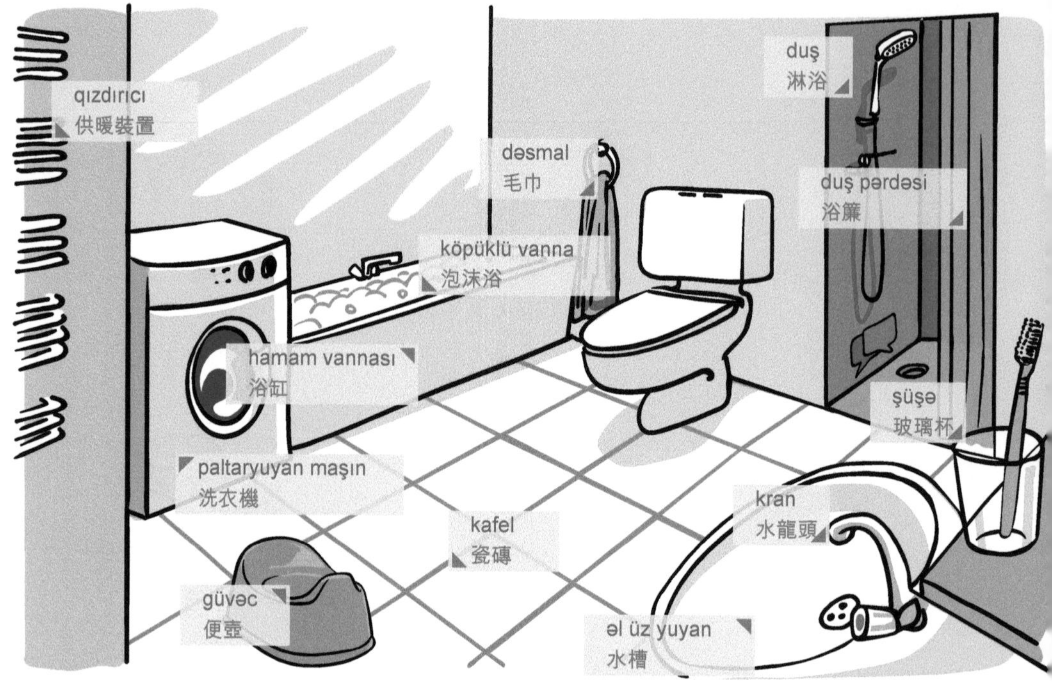

tualet
廁所

çömbəlmə tualet
蹲便器

bide
坐浴器

urinal
小便斗

tualet kağızı
廁紙

tualet fırçası
馬桶刷

diş fırçası

牙刷

diş pastası

牙膏

diş ipi

牙線

yumaq

洗

əl duşu

手持式蓮蓬頭

intim duş

沖洗器

taz

洗臉盆

bel fırçası

洗背刷

sabun

肥皂

duş üçün gel

沐浴露

şampun

洗髮乳

əsgi

法蘭絨

drenaj

排水

krem

乳霜

dezodorant

除臭劑

güzgü

鏡子

əl güzgüsü

手鏡

ülgüc

刮鬍刀

üz qırxmaq üçün köpük

刮鬍泡沫

təraşdan sonra su

鬚後水

daraq

梳子

fırça

刷子

fen

吹風機

saç spreyi

噴髮定型劑

makiyaj

化妝品

dodaq boyası

唇膏

dırnaq lakı

指甲油

pambıq

化妝棉

dırnaq qayçısı

指甲剪

ətir

香水

gigiyenik torba

洗漱包

kətil

凳子

tərəzi

計重秤

hamam xalatı

浴袍

rezin əlcək

橡膠手套

tampon

衛生棉條

gigiyenik salfet

衛生棉

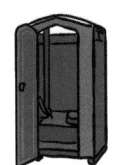

kimyəvi tualet

化學廁所

# uşaq otaqı
# 兒童房

zəngli saat
鬧鐘
yumşaq oyuncaq
毛絨玩具
oyuncaq avtomobil
玩具車
cingilti
撥浪鼓
kukla evciyi
玩具屋
hədiyyə
禮物


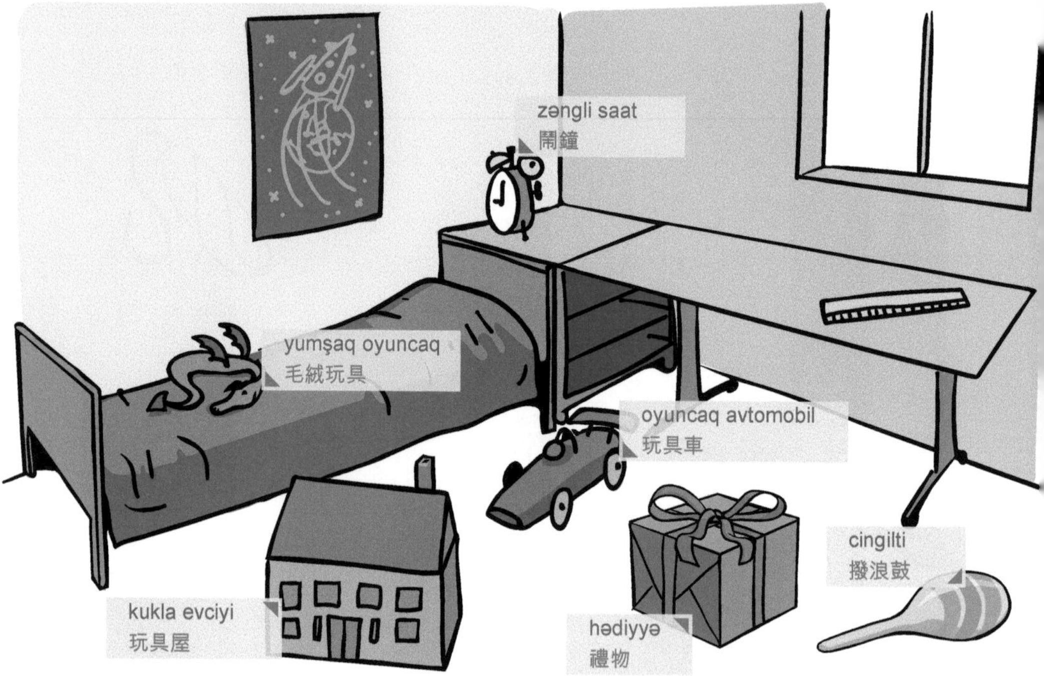

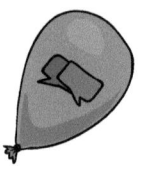

balon
氣球

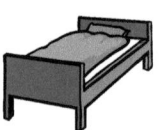

yataq
床

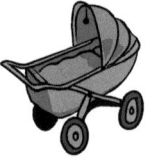

uşaq arabası
嬰兒車

kart dəsti
撲克牌

elektrik mişarı
拼圖

SUPER
MEGA


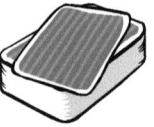

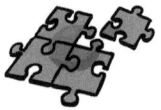

komik
漫畫

leqo kərpici

樂高積木

konstruktor blokları

積木玩具

oyuncaq-personaj

公仔

yeni doğulmuş körpələr
üçün geyimi

嬰兒服

frisbi

飛盤

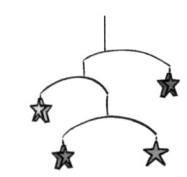

yataq üstünə asılan körpə
oyuncağı

床鈴玩具

masaüstü oyun

棋盤遊戲

zər

骰子

oyuncaq qatar

火車模型

emzik

安撫奶嘴

qonaqlıq

派對

rəsmli kitab

繪本

top

球

kukla

洋娃娃

oynamaq

玩

qum qutusu

沙坑

yelləncək

鞦韆

oyuncaqlar

玩具

video oyun konsolu

電玩遊戲

üç təkərli velosiped

三輪車

plüşdən hazırlanmış
oyuncaq ayı

泰迪熊

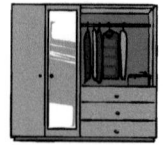

şkaf

衣櫃

# geyim

## 衣服

corab

襪子

corab

長襪

kalqotka

緊身褲

kaşne
圍巾

çətir
雨傘

t-shirt
T恤

kəmər
皮帶

çəkmə
靴子

şəpit
拖鞋

idman ayaqqabısı
運動鞋

sandallar
涼鞋

ayaqqabı
鞋

rezin çəkmələr
雨靴

dizlik
內褲

lifçik
胸罩

alt köynəyi
背心

alt paltarı

身體

şalvar

褲子

cins

牛仔褲

yubka

短裙

bluza

女式襯衫

köynək

襯衫

sviter

套頭衫

başlıqlı idman gödəkçəsi

連帽上衣

gödəkçə

西裝夾克

gödəkcə

夾克

pencək

外套

plaş

雨衣

kostyum

套裝

paltar

連衣裙

gəlin paltarı

婚紗

geyim - 衣服

kostyum

西裝

gecə köynəyi

睡袍

pijama

睡衣

sari

莎麗

hicab / eşarp

頭巾

çalma

包頭巾

burka

波卡

kaftan

卡夫坦

abaya

(阿拉伯式)長袍

çimərlik geyimi

泳衣

tumuş

男式泳褲

şort

短褲

məşq kostyumu

運動服

önlük

圍裙

əlcək

手套

düymə

鈕扣

eynək

眼鏡

bilərzik

手鏈

boyunbağı

項鍊

üzük

戒指

sırğa

耳環

papaq

便帽

asılqan

衣架

papaq

帽子

qalstuk

領帶

zəncirbənd

拉鍊

dəbilqə

安全帽

aşırma

背帶

məktəb uniforması

校服

uniforma

制服

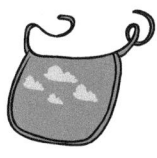

döşlük

圍兜

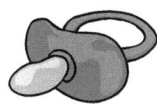

emzik

安撫奶嘴

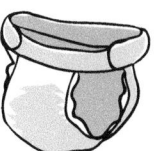

körpə bezi

尿布

# ofis

## 辦公室

server
伺服器
arxiv şkafı
檔案櫃
printer
印表機
kağız
紙
monitor
螢幕
siçan
滑鼠
iş masası
辦公桌
qovluq
資料夾
klaviatura
鍵盤
stul
椅子
zibil qutusu
廢紙簍
kompyuter
電腦

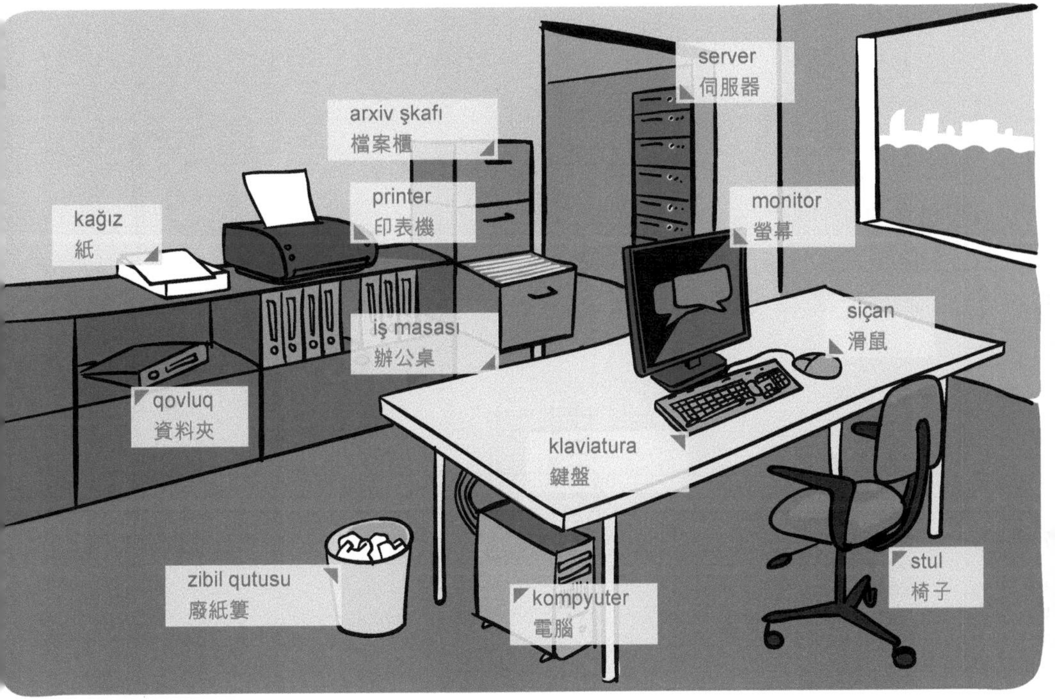

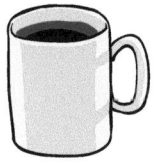

qəhvə fincanı

咖啡杯

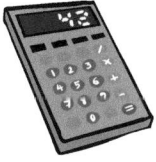

kalkulyator

計算機

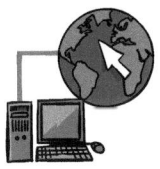

internet

網際網路

laptop

筆記型電腦

məktub

信件

mesaj

簡訊

mobil telefon

行動電話

şəbəkə

網路

surətçıxaran maşın

影印機

proqram təminatı

軟體

telefon

電話

ştepsel

插座

faks

傳真機

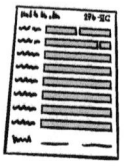

forma

表格

sənəd

檔案

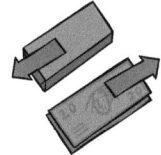

satın almaq

買

ödəmək

付錢

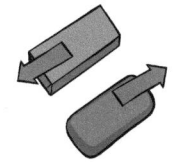

alverlə məşğul olmaq

交易

pul

現金

dollar

美元

avro

歐元

yen

日元

rubl

盧布

frank

瑞士法郎

renminbi yuan

人民幣

rupi

盧比

bankomat

提款處

valyuta mübadiləsi
məntəqəsi
外幣兌換處

qızıl
金

gümüş
銀

neft
石油

enerji
能源

qiymət
價格

müqavilə
合約

vergi
稅金

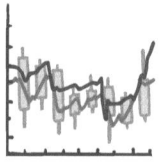

səhm
股票

işləmək
工作

işçi
職員

işəgötürən
老闆

fabrik
工廠

dükan
商店

polis əməkdaşı
警官

yanğınsöndürən
消防員

aşbaz
廚師

həkim
醫師

pilot
飛行員

bağban

園丁

dülgər

木匠

dərzi

裁縫

hakim

法官

kimyaçı

化學家

aktyor

演員

avtobus sürücüsü

公車司機

taksi sürücüsü

計程車司機

balıqçı

漁夫

xadimə

清洗女工

dam işçisi

屋頂工

ofisiant

服務生

ovçu

獵人

rəssam

畫家

çörəkçi

麵包師

elektrik ustası

電工

inşaat işçisi

建築工人

mühəndis

工程師

qəssab

屠夫

santexnik

水管工

poçtalyon

郵差

peşə - 職業

əsgər

士兵

memar

建築師

kassir

收銀員

gül-çiçək satıcısı

花農

bərbər

理髮師

konduktor

售票員

mexanik

機械技師

kapitan

船長

diş həkimi

牙醫

alim

科學家

ravvin

拉比

imam

伊瑪目

rahib

和尚

keşiş

牧師

# alətlər

## 工具

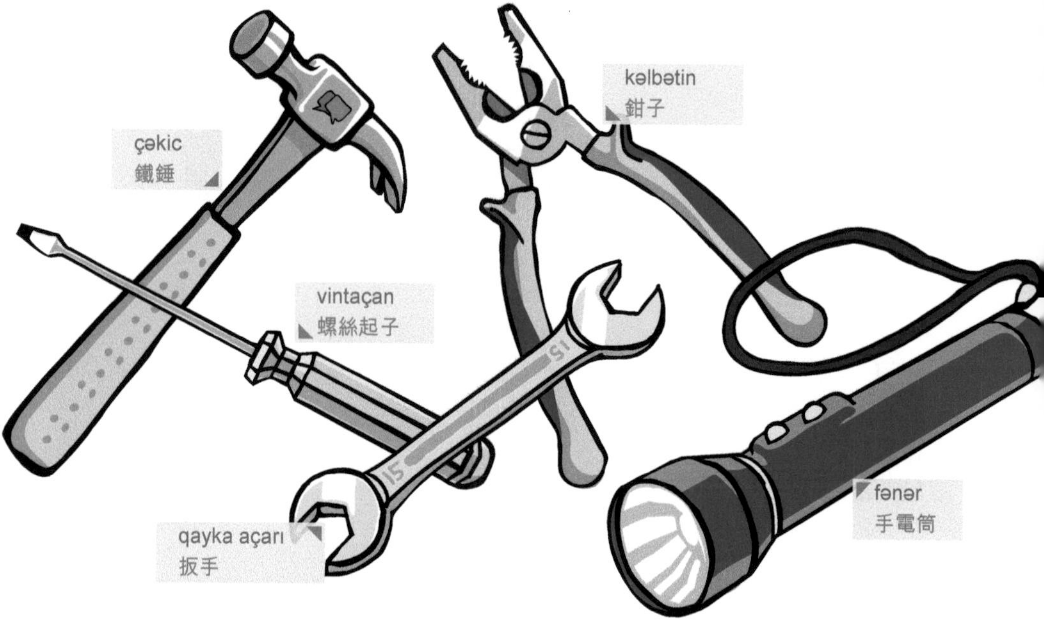

çəkic
鐵錘
kəlbətin
鉗子
vintaçan
螺絲起子
qayka açarı
扳手
fənər
手電筒


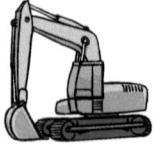

ekskavator
挖掘機

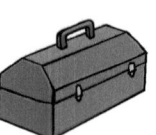

alətlər qutusu
工具箱

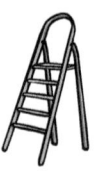

nərdivan
梯子

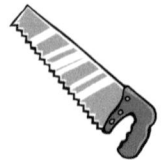

mişar
鋸子

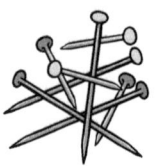

dırnaqlar
釘子

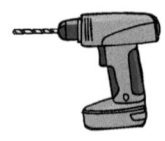

drel
鑽機

təmir etmək
修

kürək
鏟子

Lənət olsun!
糟糕！

xəkəndaz
畚箕

boya vedrəsi
油漆桶

vintlər
螺絲

## musiqi alətləri
## 樂器

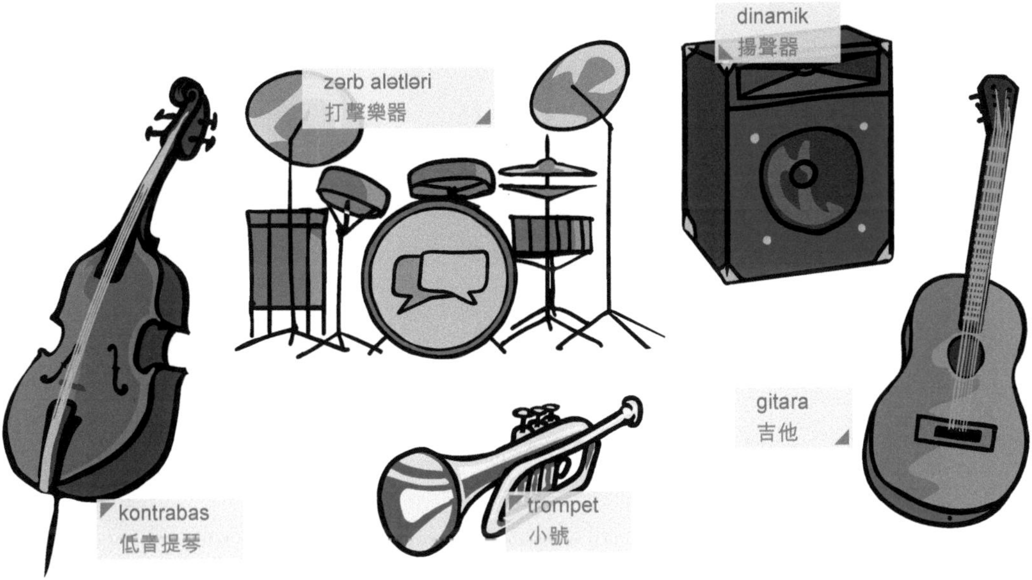

zərb alətləri
打擊樂器

dinamik
揚聲器

gitara
吉他

kontrabas
低音提琴

trompet
小號

fortepiano

鋼琴

skripka

小提琴

bas

貝斯

timpani

定音鼓

nağara

鼓

sintezator

電子琴

saksafon

薩克斯風

fleyta

長笛

mikrofon

麥克風

giriş
入口

pələng
老虎

qəfəs
籠子

zebr
斑馬

heyvan yeməyi
動物飼料

panda
熊貓

heyvanlar

動物

fil

大象

kenquru

袋鼠

kərgədan

犀牛

qorilla

大猩猩

ayı

熊

dəvə

駱駝

dəvəquşu

鴕鳥

aslan

獅子

meymun

猴子

flamingo

紅鶴

tutuquşu

鸚鵡

qütb ayısı

北極熊

pinqvin

企鵝

köpəkbalığı

鯊魚

tovuz

孔雀

ilan

蛇

timsah

鱷魚

zoopark işçisi

動物園管理員

suiti

海豹

yaquar

美洲豹

poni

矮種馬

bəbir

豹

hippopotam

河馬

zürafə

長頸鹿

qartal

老鷹

qaban

野豬

balıq

魚

tısbağa

龜

morj

海象

tülkü

狐狸

ceyran

羚羊

amerikan futbolu
橄欖球

velosiped sürmək
騎腳踏車

tennis
網球

basketbol
籃球

üzgüçülük
游泳

boks
拳擊

buz xokkeyi
冰球

futbol
美式足球

badminton
羽毛球

yüngül atletika
田徑

həndbol
手球

xizək
滑雪

polo
馬球

tullanmaq
跳

gülmək
笑

qucaqlaşmaq
擁抱

getmək
走路

oxumaq
唱

yuxu qörmək
做夢

dua etmək
祈禱

öpüşmək
親吻

yazmaq

書寫

çəkmək

畫

göstərmək

展示

itələmək

推

vermək

給

götürmək

拿

sahibi olmaq
有

etmək
做

olmaq
當

durmaq
站

qaçmaq
跑

çəkmək
拉

atmaq
丟

düşmək
摔倒

uzanmaq
躺

gözləmək
等待

daşımaq
攜帶

oturmaq
坐

geyinmək
穿衣

yatmaq
睡覺

ayılmaq
醒來

baxmaq

看

ağlamaq

哭

sığallamaq

擊

daramaq

梳頭

danışmaq

交談

anlamaq

明白

soruşmaq

問

dinləmək

聽

içmək

喝

yemək

吃

təmizləmək

清理

sevmək

愛

bişirmək

做飯

sürmək

開車

uçmaq

飛

üzmək

航行

hesablamaq

計算

oxumaq

讀

öyrənmək

學習

işləmək

工作

evlənmək

結婚

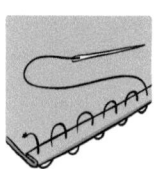

tikmək

縫

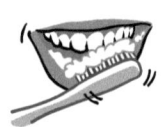

dişləri təmizləmək

刷牙

öldürmək

殺

siqaret çəkmək

抽菸

göndərmək

寄

nənə
祖母

baba
祖父

ata
父親

ana
母親

körpə
嬰兒

qız
女兒

oğul
兒子

qonaq

客人

xala/bibi

阿姨

əmi/dayı

叔叔

qardaş

兄弟

bacı

姐妹

# bədən

## 身體

alın
前額
göz
眼睛
çiyin
肩膀
barmaq
手指
üz
臉
buxaq
下巴
əl
手
ayaq
腿
döş
乳房
qol
手臂

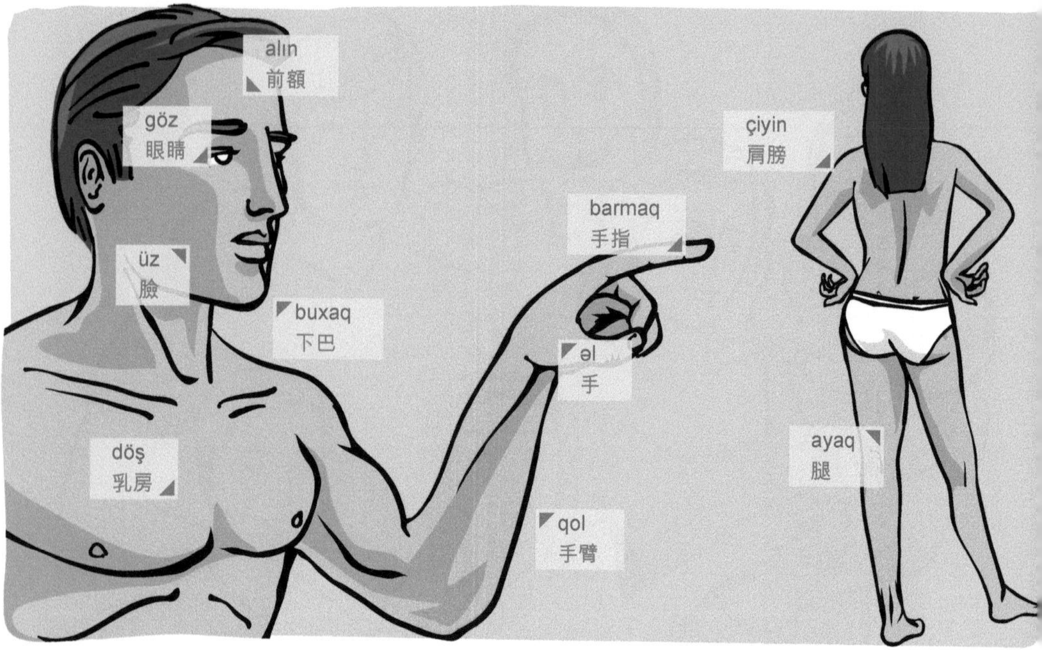

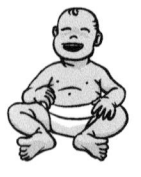

körpə

嬰兒

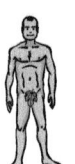

kişi

男人

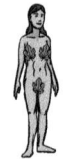

qadın

女人

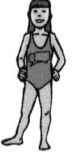

qız

女孩

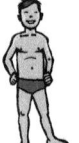

oğlan

男孩

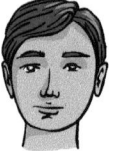

baş

頭

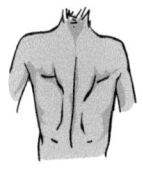

bel

背部

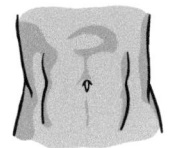

qarın

肚子

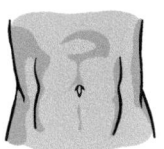

göbək

肚臍

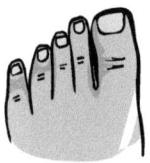

ayaq barmağı

腳趾

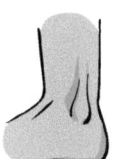

daban

腳後跟

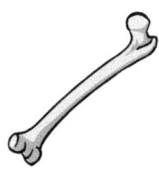

sümük

骨頭

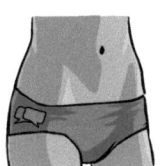

bud

臀部

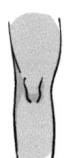

diz

膝蓋

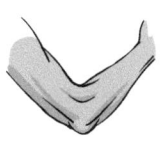

dirsək

手肘

burun

鼻子

sağrı

屁股

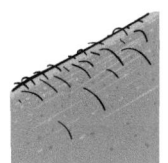

dəri

皮膚

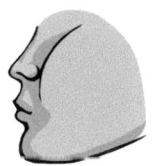

yanaq

臉頰

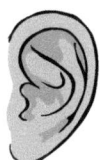

qulaq

耳朵

dodaq

嘴唇

ağız

嘴

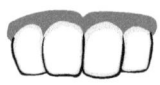

diş

牙齒

dil

舌頭

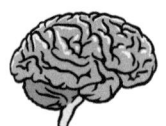

beyin

腦

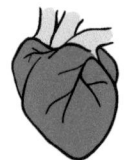

ürək

心臟

əzələ

肌肉

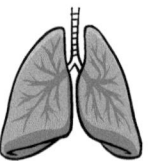

ağciyər

肺

qaraciyər

肝臟

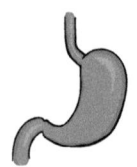

mədə

胃

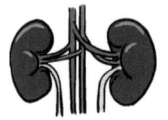

böyrəklər

腎臟

cinsi yaxınlıq

性交

kondom

保險套

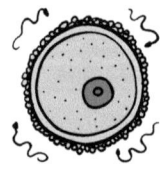

qadın cinsi hüceyrə

卵子

sperma

精子

hamiləlik

懷孕

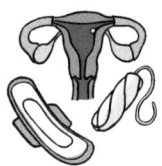

aybaşı

月事

vagina

陰道

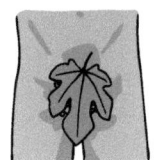

penis

陰莖

qaş

眉毛

saç

頭髮

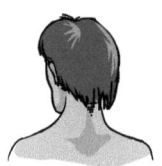

boyun

脖子

bədən - 身體

# xəstəxana
## 醫院

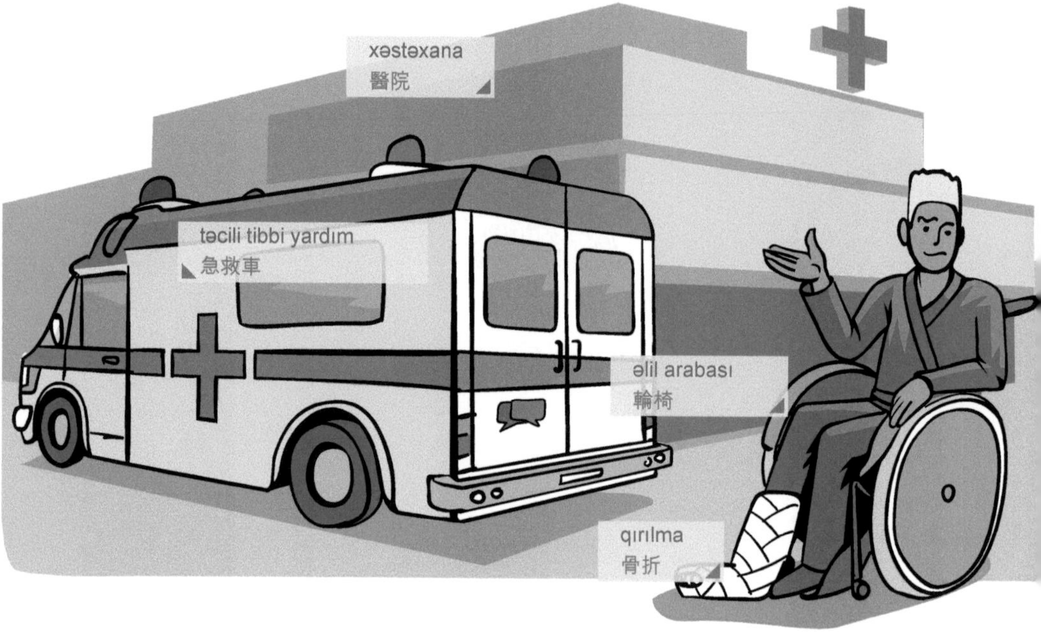

xəstəxana
醫院
təcili tibbi yardım
急救車
əlil arabası
輪椅
qırılma
骨折


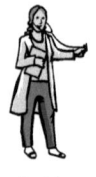

həkim

醫師

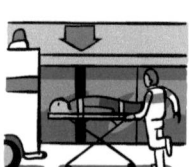

reanimasiya şöbəsi

急診室

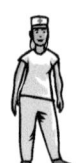

tibb bacısı

護理師

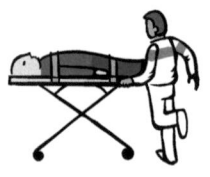

fövqəladə hallar

緊急情形

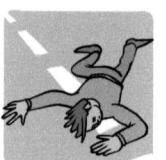

huşunu itirmiş

昏迷

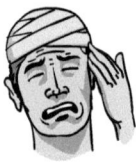

ağrı

痛

zədə

受傷

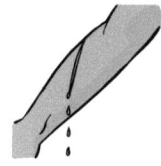

qanaxma

出血

infarkt

心臟病發作

insult

中風

allergiya

過敏

öskürək

咳嗽

qızdırma

發燒

qrip

流感

ishal

腹瀉

başağrısı

頭痛

xərçəng

癌症

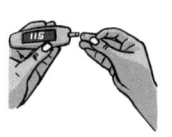

şəkərli diabet

糖尿病

cərrah

外科醫師

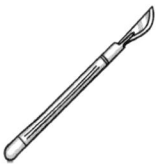

neştər

手術刀

əməliyyat

手術

CT

電腦斷層掃描

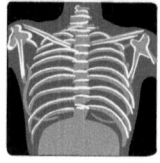

rentgen

X光

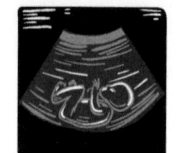

ultrasəs

超音波

maska

口罩

xəstəlik

疾病

gözləmə otağı

候診室

qoltuqağacı

拐杖

plaster

石膏

sarğı

繃帶

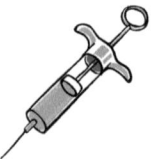

inyeksiya

注射

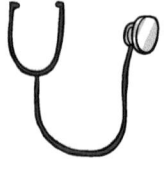

steteskop

聽診器

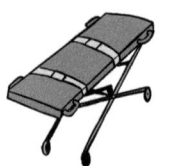

xərək

擔架

hərarətölçən

體溫計

doğum

出生

çəki artıqlığı

超重

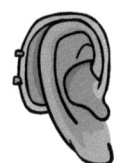

eşitmə aparatı

助聽器

dezinfeksiyaedici

消毒液

infeksiya

感染

virus

病毒

QİÇS

愛滋病

tibb

藥物

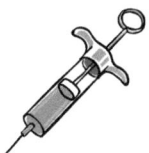

peyvənd

接種疫苗

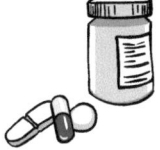

həblər

藥片

həb

藥丸

təcili zəng

急救電話

qan təzyiqini ölçmək üçün cihaz

血壓計

xəstə / sağlam

生病/健康

Kömək edin!

救命！

həyəcan siqnalı

警報

basqın

突擊

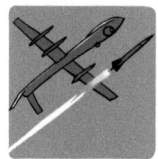

hücum

攻擊

təhlükə

危險

ehtiyat çıxışı

緊急出口

Yanğın!

失火了！

odsöndürən

滅火器

qəza

意外

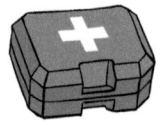

ilkin yardım qutus

急救箱

SOS

呼救訊號

polis

員警

Avropa

歐洲

Şimali Amerika

北美洲

Cənubi Amerika

南美洲

Afrika

非洲

Asiya

亞洲

Avstraliya

澳洲

Atlantik

大西洋

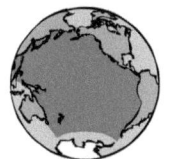

Sakit Okean

太平洋

Hind okeanı

印度洋

Antarktika Okeanı

南冰洋

Şimal Buzlu okeanı

北冰洋

Şimal qütbü

北極

Cənub qütbü

南極

Antarktika

南極洲

Yer kürəsi

地球

ölkə

陸地

dəniz

海

ada

島

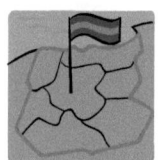

millet

國家

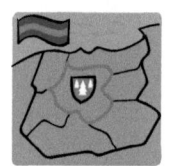

dövlət

州

siferblat

錶盤

saat əqrəbi

時針

dəqiqə əqrəbi

分針

saniyə əqrəbi

秒針

Saat neçədir?

現在幾點？

gün

天

vaxt

時間

indi

現在

rəqəmsal saat

電子錶

dəqiqə

分

saat

時

Bazar ertəsi
週一

MO

Çərşənbə
週三

W

Cümə
週五

FR

TU

TH

SA

Şənbə
週六

SO

Çərşənbə axşamı
週二

Cümə axşamı
週四

Bazar günü
週日

dünən

昨天

bugün

今天

sabah

明天

səhər

早晨

günorta

中午

axşam

晚上

iş günü

工作日

həftə sonu

週末

# il
# 年

yağış
雨
göy qurşağı
彩虹
külək
風
qar
雪
yaz
春
payız
秋
yay
夏
qış
冬

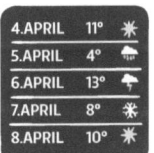

4.APRIL 11°
5.APRIL 4°
6.APRIL 13°
7.APRIL 8°
8.APRIL 10°

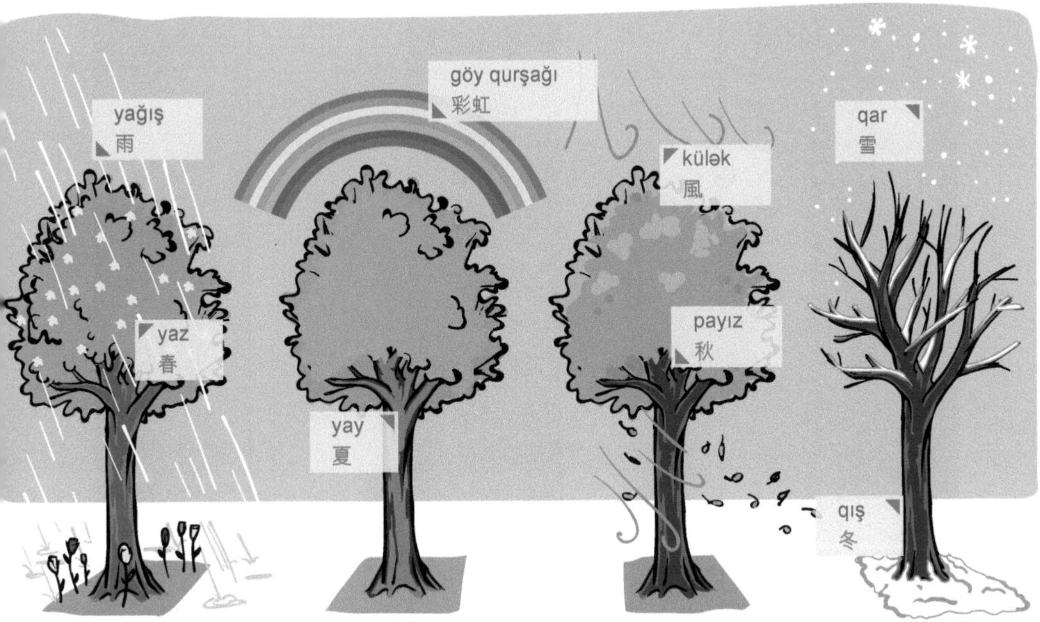

hava proqnozu

天氣預告

F C
120 90 60 30 0 -30
40 30 20 10 0 -10 -20

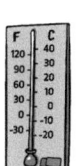

termometr

溫度計

günəş işığı

陽光

bulud

雲

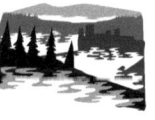

duman

霧

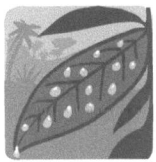

rütubət

潮濕

ildırım

閃電

göy gurultusu

打雷

fırtına

風暴

dolu

冰雹

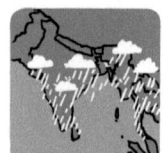

musson

季風

daşqın

洪水

buz

冰

yanvar

一月

fevral

二月

mart

三月

aprel

四月

may

五月

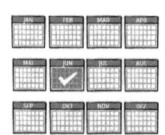

iyun

六月

iyul

七月

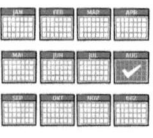

avqust

八月

sentyabr

九月

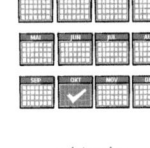

oktyabr

十月

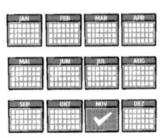

noyabr

十一月

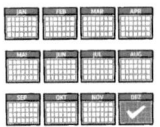

dekabr

十二月

# formalar

## 形狀

dairə

圓形

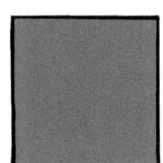

kvadrat

正方形

düzbucaqlı

長方形

üçbucaq

三角形

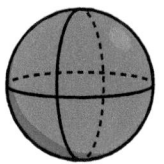

kürə

球體

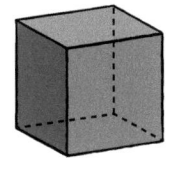

kub

立方體

ağ

白

sarı

黃

narıncı

橙

çəhrayı

粉

qırmızı

紅

bənövşəyi

紫

mavi

藍

yaşıl

綠

palıdı

棕

boz

灰

qara

黑

çox / az

很多/少許

qeyzli / sakit

生氣/平靜

yaraşıqlı / eybəcər

美/醜

başlanğıc / son

首/尾

böyük / kiçik

大/小

işıqlı / qaranlıq

明/暗

qardaş / bacı

兄弟/姐妹

təmiz / kirli

乾淨/骯髒

tam / natamam

完整/缺失

gündüz / gecə

白天/晚上

ölü / diri

死/生

geniş / dar

寬/窄

yemeli / yeyilməyən

可食用/非食用

hirsli / mehriban

邪惡/善良

həyəcanlı / bezmiş

興奮/無聊

kök / arıq

胖/瘦

ilk / son

第一/最後

dost / düşmən

朋友/敵人

dolu / boş

滿/空

sərt / yumşaq

硬/軟

ağır / yüngül

重/輕

aclıq / susuzluq

餓/渴

xəstə / sağlam

生病/健康

qanunsuz / qanuni

非法/合法

ağıllı / axmaq

聰明/愚笨

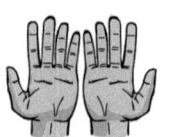

sol / sağ

左/右

yaxın / uzaq

近/遠

yeni / istifadə edilmiş

新/舊

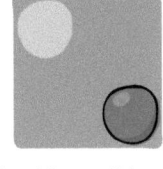

heç bir şey / bir şey

沒有/有些

qoca / gənc

老/幼

açma / bağlama

開/關

açıq / bağlı

打開/闔上

sakit/ bərk

安靜/吵鬧

varlı / kasıb

富/窮

düzgün / səhv

對/錯

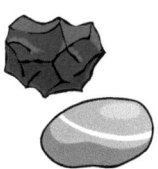

kobud / hamar

粗糙/光滑

kədərli / xoşbəxt

傷心/高興

qısa / uzun

短/長

yavaş / sürətli

慢/快

yaş / quru

濕/乾

isti / sərin

溫暖/涼爽

müharibə / sülh

戰爭/和平

**0**

sıfır

零

**1**

bir

一

**2**

iki

二

**3**

üç

三

**4**

dörd

四

**5**

beş

五

**6**

altı

六

**7**

yeddi

七

**8**

səkkiz

八

**9**

doqquz

九

**10**

on

十

**11**

on bir

十一

## 12
on iki
十二

## 13
on üç
十三

## 14
on dörd
十四

## 15
on beş
十五

## 16
on altı
十六

## 17
on yeddi
十七

## 18
on səkkiz
十八

## 19
on doqquz
十九

## 20
iyirmi
二十

## 100
yüz
百

## 1.000
min
千

## 1.000.000
milyon
百萬

İngilis dili

英語

İngilis dilinin amerikan
variantı

美式英語

Çin dilinin Mandarin dialekti

普通話

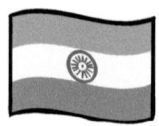

Hind dili

印地語

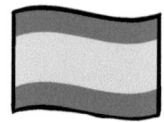

İspan dili

西班牙語

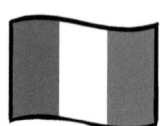

Fransız dili

法語

Ərəb dili

阿拉伯語

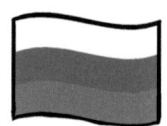

Rus dili

俄語

Portuqal dili

葡萄牙語

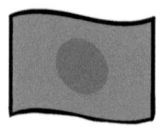

Benqal dili

孟加拉語

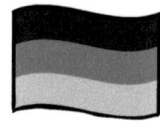

Alman dili

德語

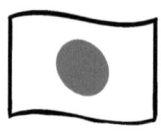

Yapon dili

日語

mən

我

sən

你

o / o / o

他/她/它

biz

我們

siz

你們

onlar

他們

kim?

誰？

nə?

什麼？

necə?

如何？

harada?

何處？

nə zaman?

何時？

ad

名字

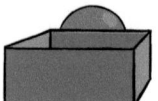

arxadan

後面

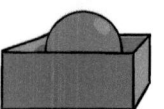

içində

裡面

qarşısında

前面

üzərində

上方

dair

上面

altında

下麵

yanaşı

旁邊

arasında

中間

yer

地點